Paul PADER

NÉCESSITÉ DE L'ALLIANCE FRANCO-RUSSE

..... Pour le bonheur de l'Europe, il faut que la France reste forte.

ALEXANDRE Ier.

(Déclaration du 31 mai 1814.)

1888

Prix : 1 franc.

TOULOUSE
IMPRIMERIE DOULADOURE-PRIVAT
39, RUE SAINT-ROME, 39

EN VENTE CHEZ LES PRINCIPAUX LIBRAIRES

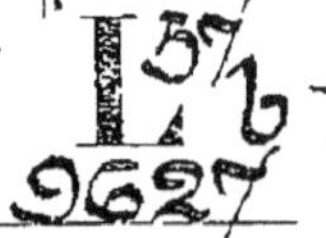

Paul PADER

NÉCESSITÉ

DE

L'ALLIANCE

FRANCO-RUSSE

..... Pour le bonheur de l'Europe, il faut que la France reste forte.

ALEXANDRE Ier.
(Déclaration du 31 mai 1814.)

1888

Prix : 1 franc.

TOULOUSE
IMPRIMERIE DOULADOURE-PRIVAT
39, RUE SAINT-ROME, 39

EN VENTE CHEZ LES PRINCIPAUX LIBRAIRES

I.

Les efforts que M. de Bismark a faits dans ces derniers temps pour former une ligue antifrançaise ont obtenu un plein succès à Vienne et à Rome.

La politique de l'Autriche consiste à prévenir les désirs de la Prusse.

L'Italie aime mieux être la vassale de l'Allemagne que l'amie de la France. Son ingratitude présente égale sa faiblesse passée. Perdant toute pudeur, elle a oublié qu'elle est née de notre sang sur le champ de bataille de Solférino, et elle a pris place au premier rang de nos ennemis. Cette résolution peut être mise au nombre des miracles produits par la diplomatie allemande capable de soulever des passions antilatines chez les tribus latines, et des passions antislaves chez les tribus slaves de la Bulgarie.

Le Machiavel du dix-neuvième siècle s'épuise en combinaisons pour nous trouver des ennemis. Il ne néglige aucun artifice pour épouvanter les souverains et en faire ses complices. Il ne recule devant aucun sophisme pour allumer la jalousie des peuples. Aucune générosité ne lui coûte, aucune prodigalité ne l'arrête pour exciter leur convoitise. Il convie toutes les nations voisines à se partager la France. Il offre le Nord à la Belgique, le Sud-Est à l'Italie, le Sud à l'Espagne, Madagascar et Tunis à l'Angleterre, ne réservant pour lui que ce qui reste de la Lorraine en y ajoutant la Champagne, sauf à reprendre plus tard ce qu'il aurait donné à ses alliés.

La Belgique et l'Espagne lui ont refusé leur concours. Elles ne veulent être ni complices ni dupes.

La première craint d'avoir le sort du Hanovre ou celui du Danemark, et, malgré l'influence que subit le roi Léopold, le peuple belge est plus disposé à la ruine du colosse allemand qu'à son affermissement ou à son extension.

La seconde veut garder sa frontière des Pyrénées. Elle apprécie l'utilité de cette immense muraille placée par la Providence entre elle et la France. Et puis, disons-le, à l'honneur de l'Espagne, elle se souvient mieux que l'Italie de son origine latine. Elle ne veut renier ni sa foi religieuse, ni son glorieux passé de loyauté et de bravoure chevaleresque. Le peuple espagnol est de trop noble race pour hésiter entre l'amitié de la Prusse et celle de la France.

Il est plus difficile de prévoir la conduite de l'Angleterre ; mais nous pouvons affirmer qu'elle sera subordonnée à ses intérêts seuls. Pour croire à la reconnaissance britannique il faudrait ignorer totalement l'histoire contemporaine.

Les Anglais peuvent toutefois se trouver dans un cruel embarras le jour où les grandes puissances de l'Europe feront appel au droit de la force. La terreur que leur inspirent les progrès de la Russie dans la Haute-Asie les jetterait dans les bras de l'Allemagne, s'ils ne savaient qu'ils vont dépenser un peu de leur sang, beaucoup de leur or, pour assurer le triomphe d'un état beaucoup plus redoutable pour eux que ne le sera de longtemps la Russie, pour compléter un empire qui leur fait déjà une dangereuse concurrence et qui, s'il ambitionne la Champagne, est encore plus désireuse de posséder Anvers et la Hollande. Ils n'ignorent pas que, s'il y a en Europe des germes de guerre prochaine et de troubles politiques qui forcent toutes les nations à succomber sous le poids des armements, la faute en est à l'Allemagne. Ils savent enfin qu'en s'alliant avec celle-ci dans le but de se procurer une amitié puissante, capable décarter tout danger de leur empire indien, ils s'exposeraient à provoquer immédiatement, dans la Haute-Asie, la guerre qu'ils redoutent le plus. Or, sur ce terrain, ils seraient infailliblement battus.

La Russie possède sur les frontières de l'Afghanistan trente mille hommes de troupes régulières habituées au climat de l'Asie centrale. Elle dispose d'un chemin de fer au moyen duquel une division cantonnée dans le Daghestan peut être transportée dans quelques jours à Puérirout, d'où une vallée conduit à Hérat par une route facile de deux cents quatre-vingts verstes. Quinze jours après en avoir reçu l'ordre du czar, cette armée peut arriver sous les murs de Hérat dont la résistance ne serait pas longue, et dont la soumission serait un coup de foudre pour les Anglais qui avouent n'avoir qu'un seul ami fidèle parmi les tribus afghanes : Abdourrhman-Kan. Toute la population est hostile à leur domination. Le vice-roi des Indes ne peut guère compter sur la fidélité des Cipayes et les troupes anglaises qu'on lui enverrait seraient bien insuffisantes pour étouffer une révolte générale soutenue par une armée russe.

En admettant même que cette guerre éclatât au moment où l'Allemagne attaquerait la Russie, celle-ci n'en serait guère affaiblie. Elle a en effet besoin d'un si petit nombre de troupes pour s'emparer de Hérat et mettre toute l'Asie en feu, que la marche de ses opérations militaires en Occident ne s'en ressentirait pas. L'Angleterre s'exposerait ainsi à perdre son empire colonial, sans compensation possible. On peut donc compter au moins sur sa neutralité dans la prochaine guerre ; mais je suis de ceux qui espèrent mieux que cela de la sagacité des hommes d'État anglais en général, et du prince de Galles en particulier. Ils peuvent nous créer des embarras à Madagascar, au Tonkin, en Chine et combattre ouvertement nos intérêts en Égypte; ils ont pu oublier, en 1870, que l'honneur de l'Angleterre fut sauvé par la France sous les murs de Sébastopol; mais ils sont trop politiques pour ne pas comprendre que l'Allemagne, par sa puissance et surtout par son extension coloniale, a déjà fait perdre à leur pays la moitié de son poids spécifique dans l'Europe occidentale.

L'Italie, moins prudente, n'hésitera pas à exposer sa jeune nationalité au jeu terrible des batailles. Elle est liée avec l'Autriche et l'Allemagne par un traité qui oblige ces trois nations à se défendre mutuellement. Dans le cas d'une guerre malheureuse pour nous, elle espère obtenir quelques lambeaux de notre territoire. Matériellement, ce serait un bénéfice. Mais dans quelles conditions épouvantables pour sa fierté, pour sa dignité, si elle en a!

Voilà la triple alliance que nous aurons à combattre prochainement, avant six mois peut-être, à coup sûr avant deux ans.

L'âme est saisie d'un indicible effroi à l'idée de sept ou millions d'hommes se ruant les uns sur les autres; mais, quelque redoutable que soit la perspective de cette lutte, nous devons l'envisager avec calme et nous préparer sans relâche à cet effort suprême.

Le véritable auteur de cette conflagration imminente cherche, par tous les moyens, à en éviter la responsabilité, en la fixant précisément sur ceux qui voudraient éviter ces atroces épreuves. Il ne se dérobera pas au jugement de l'histoire. Il pourra prouver que l'alliance italienne a été directement sollicitée par l'Autriche et que l'empereur François-Joseph lui-même a obtenu, au mois d'avril 1887, du comte Robilant et du roi Humbert, l'entrée secrète de l'Italie dans la ligue destinée à compléter l'isolement de la France. L'Europe et le monde seront témoins que la guerre sera provoquée par les agissements de M. de Bismark, comme elle a déjà la certitude que tout ce qui a été fait pour la préparer, soit à Rome, soit à Vienne, soit ailleurs, n'a été que l'exécution des ordres venus de Berlin.

Dans des événements tellement gigantesques que l'esprit se refuse à en contempler les conséquences possibles, le hasard doit nécessairement jouer un grand rôle. Toutefois, même en faisant la part du hasard, on peut prévoir l'issue de la lutte, en en posant les conditions.

La France peut aujourd'hui compter sur ses propres forces pour défendre son indépendance. Elle ne mériterait plus son rang au nombre des grandes puissances si elle avait besoin d'une aide extérieure pour repousser une agression venant de la seule de ses frontières considérée comme vulnérable. Il est toutefois rassurant de pouvoir affirmer que la guerre doit commencer forcément, inévitablement dans des conditions telles, que la puissante alliance sur laquelle nous avons le droit de compter ne nous fera pas défaut au moment décisif. Voilà pourquoi il est, je crois, important d'établir, dans notre propre intérêt et dans l'intérêt de nos amis les Russes, que, pendant la paix comme pendant la guerre, l'Allemagne se trouvera dorénavant entre la Russie et la France, comme le fer entre l'enclume et le marteau, et qu'en courant aux armes elle ne fera que transformer immédiatement une entente cordiale en une alliance sérieuse, efficace, réelle.

Je vais, dans ce but, exposer les raisons qui permettent de croire qu'une nouvelle guerre franco-allemande ne resterait pas localisée comme celle de 1870. Je vais énumérer les motifs pour lesquels l'empereur Alexandre III ne peut pas permettre que la France soit exposée à être amoindrie dans une guerre injuste, parce que, dans les circonstances actuelles, tous les coups que nous porteraient les Allemands seraient autant de blessures faites à son empire, et prouver que, réciproquement, toute attaque dirigée contre la Russie doit être considéré par nous comme une menace à notre existence nationale.

J'espère démontrer ainsi qu'en Russie comme en France la seule politique rationnelle consiste à consacrer toutes les facultés et toutes les forces à l'anéantissement de l'œuvre accomplie par M. de Bismark. La chose ne sera ni simple ni facile; mais le salut des deux nations menacées par l'Allemagne est à ce prix. Elles devront faire des prodiges de courage, répandre peut-être le meilleur de leur sang; la lutte sera longue, acharnée, formidable; mais elle s'engagera tôt ou tard, et alors : Malheur au vaincu ! Et le plus tôt est le mieux, ne l'oublions pas, dans la pensée de M. de Bismark,

Frédéric III voulait la paix; mais que nous importe aujourd'hui sa politique? Guillaume II ne tiendra aucun compte des vœux de son père : il sera un instrument terrible, par sa docilité, dans les mains de Moltke et de Bismark, qui l'ont préparé depuis longtemps au rôle qu'il doit jouer, et qui attendent impatiemment le jour où ils pourront s'en servir. Ces deux hommes en qui s'incarne l'Allemagne sentent venir fatalement l'heure où ils n'auront plus ni assez de millions ni assez d'hommes pour arrêter le soulèvement universel produit par l'insécurité et la ruine auxquelles ils condamnent l'Europe.

A tout prix, il faut que l'équilibre européen, si gravement compromis par la Prusse, soit rétabli. Il faut que le monde soit délivré du despotisme militaire qui pèse sur lui. L'union de la Russie et de la France peut seule produire ce résultat en terrassant le colosse germanique. Voilà pourquoi M. de Bismark ne veut point encore la croire possible. Il se refuse à admettre une éventualité aussi redoutable pour l'Allemagne, mais tout son génie sera impuissant à l'empêcher : elle s'impose comme une nécessité.

La nation française et la nation russe, qu'une politique funeste a trop longtemps tenues séparées, sont attirées l'une vers l'autre par un irrésistible courant de sympathies né de leur position géographique, des affinités attractives de leur caractère, de la communauté d'intérêts et de dangers. Comprenant tout ce qu'elles ont perdu de sécurité et de puissance en restant isolées, elles se tendent aujourd'hui la main par-dessus les baïonnettes prussiennes, pour réparer les erreurs du passé. Or, quand deux peuples sont assez clairvoyants pour vouloir unir leurs efforts contre un ennemi commun, trop puissant et trop ambitieux, leurs gouvernements doivent être assez sages pour les suivre dans cette voie et pour consacrer leur alliance. Cette vérité sera comprise à Saint-Pétersbourg comme à Paris.

II.

J'ai dit qu'une des causes de rapprochement et d'amitié naturelle entre la Russie et la France était leur position géographique.

Ce n'est pas, en effet, à sa porte, mais bien au loin, qu'un peuple doit chercher ses amis naturels. Cette opinion est conforme aux leçons de l'histoire et aux considérations abstraites des théoriciens politiques. Deux nations limitrophes, au lieu d'avoir l'une pour l'autre des sympathies natives, éprouvent une tendance invincible à devenir ennemies.

La paix ne peut durer entre elles que si l'une des deux fait des sacrifices constants. Ces amitiés, loin d'être réelles, ne sont qu'apparentes, au lieu d'être naturelles, elles sont essentiellement artificielles. Les diplomates n'ont pu trouver que cette combinaison pour rendre tolérables les rapports mutuels entre peuples voisins. Ne pouvant pas supprimer la ligne de contact, ils se sont efforcés de la rendre plus résistante et moins sensible, en la formant avec un chaîne de montagnes, comme les Pyrénées ou les Alpes, ou avec un bras de mer, comme la Manche, ou avec un fleuve, comme le Rhin. Plût à Dieu que les lignes de démarcation indiquées par la nature fussent toujours respectées par la sagesse des peuples ! Il n'en est malheureusement pas ainsi. Les fleuves, en particulier, n'opposent qu'une barrière insuffisante à l'ambition des conquérants. Le Rhin en offre un douloureux exemple dans l'histoire des deux nations qui s'en disputent la possession depuis des siècles. L'Allemagne, en le franchissant, a détruit l'équilibre européen. La prochaine guerre le rétablira, en rendant cette frontière à la France, qui doit s'y appuyer et la posséder jusqu'à Mayence. Mais cette restitution ne suffira pas à faire deux amies naturelles des deux *ennemies héréditaires* que leur contact irritera sans cesse. Pour que la France pût contracter, un jour, avec l'Allemagne autre chose qu'une alliance de raison, il faudrait créer entre les deux puissances un État limitrophe destiné à les isoler, en leur servant de tampon. Mais telle ne devra pas être la préoccupation des diplomates, dans le Congrès qui suivra la prochaine guerre franco-allemande, si, pour le repos du monde, ils veulent orienter leur politique d'après les nécessités géographiques, en tenant compte des attractions des peuples, comme de l'hostilité de leur civilisation et de leur caractère. Il ne sera pas nécessaire de créer un tampon artificiel entre l'Allemagne et la France, parce que l'Allemagne elle-même n'a de raison d'être que de servir de tampon naturel pour séparer la France de la Russie.

Elle doit donc être réduite à des proportions telles qu'elle ne puisse inquiéter ni l'un ni l'autre des Etats à l'harmonie desquels l'avenir de l'Europe exige qu'on la sacrifie, à moins qu'on ne prétende qu'elle doive les subalterniser tous les deux, ce qui ne peut être sérieusement soutenu. Et, si l'on a besoin d'invoquer des motifs d'un autre ordre, on en trouvera dans le caractère essentiellement secondaire de son génie, dans le manque d'initiative de sa civilisation, dans son tempérament national qui fait de tout Allemand un exploiteur féroce, froidement calculateur, égoïste et brutal, ne connaissant ni la loyauté ni la reconnaissance.

III.

Si l'alliance franco-russe est indiquée par la position respective des deux nations, elle est sollicitée par une mutuelle sympathie que rien n'a pu altérer. Des erreurs politiques ont pu, à certaines heures, faire de ces deux peuples des adversaires; elles n'ont jamais pu en faire des ennemis. Jamais, même aux heures les plus sombres de son histoire, la France n'a trouvé de véritables ennemis en Russie. Jamais les Français; en temps de guerre, n'ont constaté dans la masse du peuple russe autant d'hostilité que leur en témoigne le peuple allemand en pleine paix.

Les rencontres des armées russes et des armées françaises ont toujours donné lieu à des combats de géants. Il me suffit de rappeler Novi, le glorieux tombeau de Joubert; Zurich, où s'affirma le génie de Masséna; Austerlitz, où les Russes, mal secondés par les Autrichiens, supportèrent à peu près seuls tous les efforts de la grande armée; Eylau, où la victoire chèrement payée resta longtemps indécise; Borodino, où pâlit l'étoile de Napoléon, et enfin la retraite épique de 1812, une des pages les plus poignantes de nos annales et qu'on ne lira jamais sans partager son admiration entre le patriotisme indomptable du peuple russe et l'héroïque résistance des soldats français. Nous avons surtout pu apprécier la solidité des troupes russes pendant la guerre de Crimée, guerre impolitique, dont nous avons expié les conséquences en 1870.

A l'Alma, où Saint-Arnaud mourant racheta par un effort surhumain les misères de sa vie; à Inkermann, où la division Bosquet dut se faire hacher pour sauver l'armée anglaise; au Mamelon-Vert, à Malakoff, les soldats russes, par leur bravoure et leur ténacité, se montrèrent les dignes fils de ceux dont Napoléon Ier disait : « Il ne suffit pas de les tuer, il faut encore les renverser. » Les armées alliées décimaient leurs rangs, mais ne faisaient pas de prisonniers. Les troupes du czar mouraient sur place et ne se rendaient pas.

Mais ce qui caractérisa toutes les guerres entre Russes et Français, ce furent les égards que les combattants eurent toujours les uns pour les autres. N'écoutant, pendant la lutte, que la voix de la discipline, ils revenaient à leur générosité native dès que le combat avait cessé, faisant assaut d'humanité, de loyauté, de courtoisie; on eût dit des chevaliers combattant en champ clos, pour l'honneur, mais sans haine.

Les survivants de la guerre de Crimée se souviennent encore des heures trop courtes d'armistice ou de suspension de feu pendant lesquelles Français et Russes, se rencontrant aux avant-postes, échangeaient des provisions et des poignées de main. Et ce n'est pas seulement pendant le siège de Sébastopol que nous voyons la sympathie mutuelle des deux peuples survivre aux nécessités sanglantes des batailles. Un an après la bataille de Zurich, il restait en France sept mille prisonniers russes qui n'avaient pas pu être échangés contre des Français, parce que la Russie n'avait pas de prisonniers à restituer. Le premier Consul, comprenant que l'empereur Paul Ier n'était pas un ennemi, mais seulement un adversaire entraîné malgré lui dans la coalition contre la République française, décida que ces sept mille hommes seraient renvoyés, sans condition, à Saint-Pétersbourg. Il les fit même habiller et armer aux frais de la République, et il leur rendit leurs drapeaux. Il offrit en même temps l'île de Malte au czar, qui l'accepta avec enthousiasme. Ces avances courtoises et quelques concessions dans le règlement des affaires italiennes amenèrent une réconciliation complète avec la Russie. Cette amitié des deux nations eut pour sanction la formation de la *Ligue des neutres*, à la tête de laquelle se plaça Paul Ier et qui amena la signature du traité de Lunéville.

Ainsi la France républicaine a pu, une première fois, s'allier intimement avec la Russie, et il a fallu un crime atroce, l'assassinat de Paul Ier, pour empêcher cette alliance d'avoir les plus heureux résultats pour l'histoire du monde. Cette alliance était aussi cordiale et plus sérieuse que celle que le chevalier d'Eon avait négociée entre Louis XV et l'impératrice Élisabeth, dont la mort sauva la Prusse pendant la guerre de *Sept ans*, comme l'assassinat de Paul Ier devait sauver l'Angleterre après le traité de Lunéville.

Il est inutile d'insister ici sur l'amitié que Napoléon et Alexandre Ier ne cessèrent d'éprouver l'un pour l'autre, malgré les guerres qu'ils se firent. Cette amitié, dont ils se donnèrent des marques solennelles sur le radeau du Niémen et à Erfurt, était réelle et sincère. Napoléon avait fasciné Alexandre par son génie et par sa gloire militaire; Alexandre avait séduit Napoléon par la générosité et par la loyauté de son caractère. Toutefois, cette sympathie personnelle, faite d'admiration enthousiaste et d'estime, ne produisit pas ce qu'on pouvait en espérer pour le repos de l'Europe. Mais si elle dut fléchir devant les exigences autoritaires de l'Empereur des Français, le souvenir en resta toujours dans le cœur d'Alexandre. Si la France vaincue, envahie, conserva sa nationalité en 1814, si elle échappa au démembrement demandé par la Prusse, elle ne le dut qu'à la généreuse intervention de l'empereur Alexandre, le véritable chef de la coalition.

Ce souverain, qui fut la personnification la plus brillante, et, jusqu'à un certain point, la plus populaire de l'invasion, dut certainement éprouver un sentiment de légitime orgueil lorsqu'il se vit maître de Paris; mais au lieu de jouir de son triomphe en barbare, il s'efforça d'adoucir le sort de Napoléon et celui de la France. Ce fut lui qui empêcha l'armée prussienne de brûler la capitale de la civilisation. Ce fut encore lui qui, résistant aux suggestions ambitieuses de ses alliés, publia, le 31 mai 1814, une déclaration par laquelle il sut, en arbitre généreux, modérer les revendications des vainqueurs et assurer aux vaincus des destinées nouvelles dignes de leur passé. C'est dans cette déclaration mémorable que l'empereur Alexandre posa, en quelques mots, les bases de l'équilibre européen et indiqua à ses successeurs la véritable orientation de la politique russe, en disant : *Pour le bonheur de l'Europe, il faut que la France reste forte.* Pour apprécier toute l'importance de ces paroles, il ne faut pas oublier que, dans le conseil des souverains et des chefs d'armées appelés à discuter le sort de la France, le czar eut à lutter contre la politique prussienne qui demandait notre suppression de la carte d'Europe. La Prusse était acharnée à la destruction de notre nationalité; c'est l'objectif invariable de sa politique inflexible. Elle comprenait déjà, en 1814, qu'entre une France et une Russie fortes, elle pouvait, un jour, se trouver réduite à l'impuissance.

En 1815, la fureur des Prussiens ne connaissait plus de bornes. Il fallait, disaient-ils, traiter les Français, non comme des adversaires, mais comme des chiens enragés dont on se débarrasse en les assommant. Ils voulaient briser la France comme corps de nation, la partager en Bourguignons, en Auvergnats, en Bretons, en Aquitains, et en détacher les Alsaciens, les Lorrains, les Flamands pour les restituer à l'Empire germanique.

Ce fut encore l'empereur Alexandre Ier qui sauva la France, en intervenant, comme son bon génie, dans les traités de 1815.

Je ne peux pas exposer ici le rôle prépondérant qu'il joua dans le remaniement de la carte d'Europe, j'ai voulu seulement rappeler les bienfaits que la France dut à sa généreuse influence. Et je m'associe pleinement à l'hommage que lui rend Lamartine dans son *Histoire de la Révolution*, lorsque, appréciant le caractère de ce souverain, il dit : « L'histoire doit l'inscrire parmi ce petit nombre de « princes qui régnèrent en présence de Dieu et de « leur conscience, et qui subordonnèrent pieusement « leur gloire et leur grandeur à la gloire et à la « grandeur de l'humanité. Le caractère du règne « de l'empereur Alexandre Ier, c'est qu'il ne fût pas « tant un règne russe qu'un règne européen. »

Mais je n'écris pas ici l'histoire si attachante du peuple russe (peut-être le ferai-je plus tard) ; je me contente de grouper dans cette partie de ma thèse les preuves de sympathie qu'il a données à la France et les titres que ses souverains se sont acquis à notre reconnaissance, et je ne peux pas être plus heureusement ramené à mon sujet que par le règne d'Alexandre II.

Si l'histoire fournit des exemples de coïncidences étranges capables de faire croire que la similitude des faits est attachée à la similitude des noms de leurs auteurs, elle n'en offre pas de plus frappants que l'identité à peu près absolue des influences exercées par les Alexandre de Russie sur les destinées de la France. Alexandre Ier, Alexandre II, Alexandre III l'ont soutenue, sauvée peut-être, aux heures les plus critiques de son histoire, et leur intervention s'est toujours produite contre le même ennemi : la Prusse.

Alexandre Ier, en 1814, a arraché Paris et la nationalité française à ses exigences impitoyables ; Alexandre II, en 1875, de concert avec l'Angleterre, empêcha les armées allemandes d'envahir la France.

Le plan de MM. de Bismark et de Moltke était, à ce moment, d'une exécution facile. Le voici dans sa brutale simplicité : ils voulaient franchir la frontière, marcher sur Paris, camper sur le plateau d'Avron, et, leurs canons braqués sur la capitale, exiger, avec Belfort, une indemnité de dix milliards payables en vingt ans, avec des intérêts de 5 %, sans anticipation de paiement de capital. Notre réorganisation militaire, que M. de Bismark invoquait comme prétexte à sa brusque agression, était alors si peu avancée que toute résistance sérieuse nous était impossible.

« Mais enfin, que ferez-vous si vous êtes atta-« qués? » demandait le prince Orloff au duc Decazes, qui le priait de presser les démarches du cabinet de Saint-Pétersbourg. « Ce que nous fe-« rons, » répondit notre ministre des affaires étrangères, prenant sur lui la responsabilité de si graves paroles : « Nous nous retirerons derrière la Loire; « c'est là que nous concentrerons notre armée, en « laissant aux Allemands la liberté d'occuper le « reste de la France. »

« Vous ne ferez pas cela », objecta l'ambassadeur russe avec émotion. « Nous le ferons, c'est dé-« cidé, » reprit le duc Decazes, « et l'Europe verra « tranquillement, l'arme au bras, la France en-« vahie, dévastée et ne se défendant pas. Oui, elle « verra cela. Le tolérera-t-elle[1] ? »

1. *Souvenir de la présidence du maréchal de Mac-Mahon.*

Jamais l'action de la Russie n'avait été plus nécessaire. Elle ne se fit pas attendre.

Vers la fin d'avril, quelques jours avant la visite que l'empereur Alexandre II devait faire à son oncle, le général Le Flô, notre ambassadeur à Saint-Pétersbourg, était reçu par le czar, qui lui exprima ses sympathies pour le maréchal de Mac-Mahon, et ajouta : « Rassurez Decazes. Je vais à Berlin; j'y « ferai connaître mon sentiment, mon désir de voir « la paix générale maintenue. On ne peut vous faire « la guerre sans raison, et vous n'en donnez pas. » « ... Si l'Allemagne vous attaquait, ce serait à ses « risques et périls, » ajouta-t-il en baissant la voix.

Le 11 mai, les deux empereurs se rencontrèrent à Berlin, et, le même jour, le prince Gortschakoff annonçait à ses ambassadeurs à Paris et à Londres que la paix était désormais assurée.

« Le czar s'est décidé à parler énergiquement, » disait deux jours après le comte Derby à M. Gavard, notre chargé d'affaires à Londres après la mort du comte de Jarnac, « et tout danger de conflit est « écarté pour le moment; on ne sait pas pour plus « tard. Cependant on peut croire que l'Allemagne « ne fera pas la guerre à la Russie à cause de vous, « et qu'elle ne vous fera pas la guerre à vous, mal- « gré la Russie. »

Les projets belliqueux de M. de Bismark et du parti militaire allemand furent donc renversés par la sagesse de l'empereur Alexandre. Je ne prétends pas savoir en quels termes le chancelier prussien excusa sa politique d'invasion, encore moins les engagements qu'il prit dans l'audience que lui accorda le czar. Mais celui-ci dut en être satisfait, car il télégraphia à sa sœur, la reine de Wurtemberg : « L'emporté de Berlin a donné toutes les garanties pour le maintien de la paix. »

Plus tard, en recevant le corps diplomatique, il lui donna l'assurance qu'il était autorisé par son oncle à déclarer que la paix était maintenue ; et, se tournant vers l'ambassadeur de France, il lui dit : « Comptez sur moi. Si quelque nouveau danger « sérieux vous menaçait, je serais le premier à vous « en avertir. »

Voilà ce qu'Alexandre II fit pour la France en 1875, malgré sa profonde affection pour l'empereur Guillaume et son incontestable sympathie pour l'Allemagne.

Pendant toute la durée de son règne, l'influence germanique fut grande en Russie, grâce aux innombrables agents de M. de Bismark ; elle était même parvenue à tenir le haut du pavé à Saint-Pétersbourg, quand les événements de 1877 vinrent provoquer une réaction générale. Jamais cependant elle ne fut assez puissante pour faire oublier au czar la grande parole de son oncle Alexandre Ier : *Il faut, pour le repos et pour le bien de l'Europe, que la France soit grande et forte.*

Aussi le deuil fut-il universel chez nous quand la bombe de Ryssakoff coucha Alexandre II, sanglant et mutilé, sur le trottoir du canal Catherine. Je sais que *le Citoyen, la Révolution* et deux ou trois autres feuilles, aujourd'hui disparues, eurent l'horrible courage de se faire les apologistes de cet épouvantable attentat. Mais les hommes qui applaudirent à l'assassinat de ce souverain, qui venait d'abolir le servage des paysans la veille même de sa mort, furent frappés par le mépris public mieux encore que par la justice des tribunaux, et la France ne doit pas être responsable de leur infamie.

Ces hommes étaient des Italiens, des Allemands ou des Polonais payés par la Prusse, comme l'avaient été, en 1871, les chefs de la Commune; mais assurément ils n'avaient pas une goutte de sang français dans les veines.

Les nihilistes espéraient terrasser le peuple russe en abattant sa tête; mais, pour le bonheur de l'humanité, cette tête repousse à mesure qu'on la coupe.

L'empereur Alexandre III poursuit imperturbablement sa route, affirmant son intention de gouverner autocratiquement. Il est trop fier et trop brave pour tenir compte des assassins. Et, en cela, il a raison, car le nihilisme n'est pas un danger particulier à la Russie : il n'est qu'une manifestation locale de l'*anarchisme* universel, et je suis persuadé qu'il n'est pas plus dangereux que le socialisme en Allemagne et en France, ou que le fénianisme en Angleterre. Issu, comme ces derniers, des doctrines matérialistes dont le développement scientifique et technique est dû particulièrement aux universités allemandes, on pourrait lui donner le nom de *mal germain.* Poursuivant le rêve insensé de l'égalité sociale dans un monde nivelé par la force, il arrive fatalement à la glorification du néant. Or, le néant engendre nécessairement le désespoir farouche, et le désespoir des hommes se traduit toujours par le meurtre.

Si les manifestations du nihilisme russe sont plus cruelles, plus passionnées, plus ardentes que celles du socialisme allemand ou français, cela tient à la violence de la race slave elle-même.

Le calme impassible d'Alexandre III et l'amour que lui a voué son peuple auront raison du nihilisme, qui ne se distinguera plus bientôt du socialisme universel dont les doctrines doivent être profondément modifiées pour s'adapter aux vrais besoins de l'humanité.

Les nihilistes commencent, du reste, à être démodés. On ne s'occupe presque plus d'eux à Saint-Pétersbourg; on comprend qu'ils n'ont plus leur raison d'être. L'attentat du 13 mars a démontré leur impuissance contre les institutions politiques et sociales de la Russie. Ils y ont inutilement joué ce drame sanglant dont le premier acte a été le coup de pistolet de Solowiew, et le dénouement la bombe de Ryssakoff.

La nature romanesque d'Alexandre II, l'indécision de son caractère, la bonté de son cœur poussée jusqu'à la faiblesse, et surtout l'influence néfaste de son entourage, avaient permis au parti allemand d'envelopper la Russie d'un réseau d'intrigues dont

M. de Bismark seul connaissait la solidité et la complication.

Dès son avènement au trône, l'empereur Alexandre III sentit bien vite les mailles du filet qui l'enlaçait. Il les a rompues en faisant de la politique franchement russe, franchement nationale et vierge de toute influence étrangère. Le programme dont il poursuit la réalisation embrasse le relèvement de la noblesse, les économies dans l'administration des deniers publics, la lutte contre l'influence du parti allemand, une tenue énergique dans toutes les questions vitales de l'empire et le courage en face des revendications des puissances étrangères.

Alexandre III est à la hauteur de sa tâche. — Nature droite, franche, honnête, loyale, il a l'estime et la confiance de ses sujets. — Mieux qu'aucun de ses prédécesseurs, il tient la Russie entière dans sa main. Tout le monde, aristocratie, peuple, armée, bourgeoisie, s'est groupé autour de son trône, dans un même sentiment de sympathie, parce que si chacun admire dans l'empereur les vertus de l'homme privé, personne ne doute des grandes qualités du souverain. — On sait que son amour de l'honnêteté l'a poussé à s'entourer de personnes irréprochables. On connaît sa puissance de travail et le soin consciencieux qu'il apporte à la direction politique de toutes les affaires de son empire ; ce qui, joint à ses connaissances étendues, réduit ses ministres au rôle de secrétaires. C'est pour ce motif sans doute, qu'il n'a pas cru devoir nommer un chancelier. Le comte Tolstoï et M. de Giers eux-mêmes, dont le patriotisme et la haute valeur sont connus de tous, ne font, le plus souvent, qu'exécuter les ordres du czar.

Je n'ai à énumérer ici ni les preuves de fermeté qu'il a données dans plusieurs circonstances, notamment dans le règlement de la question afghane, ni les marques de sollicitude paternelle qu'il a prodiguées à ses sujets, quand leurs intérêts ont été menacés, comme il le fit en refusant la réglementation de la production du sucre qui eût grevé son peuple de plusieurs centaines de millions; mais je suis naturellement amené à clore la série des services historiques rendus par la Russie à la France, en rappelant ce que l'empereur Alexandre III a fait pour elle, il y a environ un an.

Personne n'a oublié les angoisses qui étreignirent tous les cœurs au printemps de l'année 1887, quand les provocations brutales de l'Allemagne, soutenues par le langage belliqueux de la presse berlinoise, purent faire croire à une guerre imminente.

M. de Bismark poursuivait un double but, en violant la frontière française. Il voulait chauffer le chauvinisme allemand pour obtenir de la terreur du *Reichstag* les millions que sa froide raison lui avait refusés et, en même temps, exaspérer la France, l'affoler, l'amener à un éclat, provoquer de sa part une riposte assez vive pour que la diplomatie prussienne pût la transformer en attaque aux yeux de l'Europe, et en faire sortir brusquement la guerre, en nous imposant le rôle d'agresseurs. Il espérait nous enlever ainsi l'alliance de la Russie et nous condamner à l'isolement. Le guet-apens Schœnébelé et l'assassinat de Raon-sur-Plaine n'avaient pas d'autre but.

Il ne put réaliser que la moitié de son programme. Les fonds destinés à l'augmentation de l'armée allemande furent votés, mais la paix fut maintenue, grâce d'abord à la sagesse du gouvernement français qui sut obtenir les réparations légitimes, en se couvrant du droit public européen, et grâce ensuite à l'Empereur de Russie qui, ne doutant pas de la sincérité de nos déclarations pacifiques, vit le piège qu'on nous tendait, le danger qui nous menaçait, et renversa les plans de M. de Bismark en lui disant : « Je ne soufffrirai pas que vous fassiez la guerre « à la France, sans provocation de sa part. »

Alexandre III fit donc pour nous, en 1887, ce qu'Alexandre II avait fait en 1875. M. de Bismark eut beau lui promettre, en échange de sa neutralité, la non-intervention de l'Allemagne dans le règlement de la question d'Orient, et, au besoin, son assentiment à tout ce qu'il pourrait entreprendre dans la presqu'île des Balkans, le czar demeura inflexible. Il avait percé à jour la politique prussienne faite d'espionnage, de brutalité cynique et de mensonge ; il était descendu dans l'âme tortueuse du chancelier et il avait vu les dangers qui menaceraient son propre empire le jour où la France affaiblie, écrasée peut-être par une lutte inégale contre l'Allemagne, l'Italie et l'Autriche, serait réduite à l'impuissance. Il comprit que si les armées allemandes revenaient à Paris, c'était pour arriver plus sûrement à Saint-Pétersbourg, ou au moins à Riga, et pour enlever à la Russie les provinces de la Baltique, comme elles avaient arraché à la France les provinces du Rhin.

Sa ferme attitude servit à la fois nos intérêts et ceux de son empire. Et je me plais à croire que, plus clairvoyant que son père, plus indépendant de toute influence étrangère, Alexandre III, en 1887, ne songeait pas seulement à réparer des fautes passées, comme l'avait généreusement fait Alexandre II en 1875, mais que, dans sa pensée, il préparait l'avenir de l'Europe sur de nouvelles bases, en immobilisant dans les mains de la Prusse la puissance militaire de l'Allemagne arrivée à son point culminant. Il est de ceux qui savent attendre, il l'a déjà prouvé, pour saisir l'occasion favorable. Il sait aussi que toute force qui a atteint son apogée diminue rapidement, si elle n'est pas soutenue par des facteurs nouveaux, et que toute influence qui n'a pour base ni la tradition ni le droit, tend facilement à disparaître dès qu'elle ne s'affirme plus par des faits.

IV.

L'alliance franco-russe, naturellement indiquée par la position respective des deux peuples, sollicitée par le souvenir des services rendus, par des sympathies de races et par des conformités d'intérêts trop longtemps oubliées, est enfin imposée aujourd'hui par l'imminence d'un danger commun.

La Russie, depuis la bataille de Sedan, est dans la position où était la France après Sadowa. Alexandre II, dominé par l'influence allemande et par le souvenir de la guerre de Crimée, fut aussi aveugle à la veille de la campagne de France que l'avait été Napoléon III pendant la campagne d'Autriche. La déclaration de neutralité qu'il fit publier le 23 juillet 1870 ne laissait aucun doute sur ses sympathies pour la Prusse. Abusé sur ses propres intérêts, le gouvernement russe adressa à Vienne un avertissement très clair ne permettant pas à l'Autriche de faire cause commune avec la France. Il employa même son influence à empêcher le Danemark de nous permettre d'utiliser son territoire, pour faire une diversion dans l'Allemagne du Nord, au moyen d'un débarquement. Mais, en même temps, avec une sagesse et une prévoyance dignes d'éloges, il avait limité d'avance les conquêtes que l'Allemagne était autorisée à faire.

Quand M. Thiers alla en mission à Saint-Pétersbourg, il y fut reçu avec tous les égards dus aux malheurs de sa patrie. Dans la déposition qu'il fit devant la commission d'enquête, à propos du 18 mars, il dit : « Je trouvai chez l'empereur une « grande bienveillance pour la France, mais évi- « demment il y avait des liens avec la Prusse. La « société russe était très animée en faveur de la « France et témoignait de ses sympathies pour « nous par les manifestations les plus frappantes. « L'empereur était plus contenu ; il me disait : « Je « ne ferai pas la guerre pour vous, mais soyez « convaincu que je vous aiderai de toute mon in- « fluence. »

C'est sous les auspices de la Russie que M. Thiers arriva à Versailles, et grâce aux passeports que lui fit délivrer le comte Gorstschakoff.

Les négociations qu'il entama immédiatement avec le chancelier prussien pour obtenir la conclusion d'un armistice et le ravitaillement de Paris furent brusquement rompues par la folle équipée du 31 octobre. M. de Bismark, voyant que sa proie lui échappait et que les blessures qu'il ferait dorénavant à la France ne seraient pas mortelles, fomenta cette sédition par les nombreux agents qu'il entretenait dans la garde nationale. Pour se débarrasser de M. Thiers dont les pouvoirs étaient limités, il invoqua la gravité des événements et il refusa le ravitaillement demandé.

La capitulation de Paris, la défaite irrémédiable

de la France, l'arrogance des vainqueurs et surtout la duplicité de M. de Bismark montrèrent enfin à la Russie la faute qu'elle avait commise en ne prenant pas assez au sérieux les ambitions de la Prusse. A Saint-Pétersbourg, aussi bien qu'à Moscou, on disait tout haut, mais un peu tard, que, pour exister comme grande nation, la Russie devait, à tout prix, s'affranchir de la tutelle du nouvel empire d'Allemagne.

L'empereur Alexandre II comprit, lui aussi, qu'en favorisant les entreprises de M. de Bismark il aurait donné un maître à l'Europe, et augmenté, dans d'incalculables proportions, les forces de son redoutable voisin.

L'apothéose des Hohenzollern et la transfiguration de la Prusse dans le palais de Versailles, aux sinistres clartés du bombardement de Paris, ne pouvaient lui laisser aucun doute sur les prétentions de l'Allemagne reconstituée sur la base de la communauté de race et de langage. Mais, plus heureux que Napoléon III qui devait expier lui-même et faire subir à la France les conséquences des fautes commises par sa participation à la guerre de Crimée et par sa non-intervention dans celle de 1866, Alexandre II put atténuer les désastreux effets de sa neutralité en 1870.

Il est même certain que si le gouvernement de la Défense nationale avait su déchirer plus tôt le traité de Paris et raturer ainsi la guerre de Crimée, les clauses du traité de Francfort auraient été moins douloureuses pour nous. — C'est seulement après qne la signature de la France a été apposée aux protocoles de la conférence de Londres que les sympathies russes se sont hautement affirmées. Et elles sont devenues d'autant plus vives que le gouvernement du czar a pu voir plus clair dans le jeu de la Prusse qui, en héritant de la prépondérance militaire de Napoléon III, a hérité aussi de sa prétention de refouler la Russie vers l'Asie.

Tous les doutes à cet égard ont été dissipés par l'échec que la diplomatie allemande a infligé au gouvernement de Saint-Pétersbourg dans le règlement de la question bulgare, après la guerre turco-russe.

L'empereur Alexandre III a tellement souffert de l'humiliation de la Russie en 1878, que, depuis le jour de son avènement, il travaille sans relâche à rendre à son empire la suprématie qui lui revient de droit dans l'organisation politique et administrative des tribus slaves affranchies par les armées russes.

La force qui pousse la Russie vers Constantinople est irrésistible, et un jour viendra certainement où elle créera un grand empire slave destiné à remplacer celui des Turcs. Mais aussi longtemps que la Prusse conservera en Europe la place prépondérante qui lui appartient aujourd'hui, elle saura neutraliser, avec l'appui de l'Angleterre et de l'Autriche, tous les sacrifices que la Russie pourra faire pour étendre son influence vers les rives du Bosphore.

Ce n'est aujourd'hui un secret pour personne que M. de Bismark médite la ruine ou du moins l'affaiblissement de la nation russe, depuis qu'il a vaincu la France, car il voit en elle le seul obstacle sérieux à la suprématie universelle à laquelle il aspire et qu'il possède presque déjà. Aussi, depuis bien des années, s'applique-t-il à la miner sourdement pour ruiner sa puissance par un premier travail souterrain, avant d'engager la lutte à ciel ouvert, comme il avait ruiné, longtemps avant 1870, la puissance de Napoléon III. Dans ce but, il s'acharne à faire naître sous ses pas des complications de toute sorte, pendant qu'il l'inonde d'espions, d'agents observateurs et provocateurs. C'est par eux qu'il est renseigné sur les tendances de la haute société, sur les mouvements de l'opinion publique, et qu'il reste en communication constante avec les habitants des provinces baltiques dont il convoite l'annexion, chauffant leurs sympathies allemandes, et tachant de s'assurer leur concours pour le jour de la guerre qu'il prévoit et qu'il appelle de ses vœux. La Russie ne doit pas se faire d'illusion sur les desseins de la politique prussienne à cet égard. Ils consistent à amoindrir son influence dans les Balkans et à lui ravir ses provinces allemandes, ni plus ni moins. Or, M. de Bismark n'a jamais renoncé à un de ses projets de conquête au préjudice de ses voisins. Rien ne le décourage, pas même les insuccès momentanés, et, lentement, patiemment, il parvient au but qu'il s'était fixé d'avance. Il a commencé par le Danemark, il a continué par l'Autriche et par la France, il veut finir par la Russie. Il veut lui enlever son Alsace-Lorraine, en lui arrachant d'un seul coup le fruit des conquêtes dues au génie de Pierre le Grand. Il veut que l'Allemagne règne en souveraine sur la mer Baltique transformée en lac germanique.

Les Allemands ont déjà à peu près terminé l'invasion pacifique et morale de la Russie. Ils s'y sont introduits, sous tous les prétextes et de toutes les façons possibles, sous le règne d'Alexandre II. Ils l'ont couverte de marchands, d'ouvriers, de journalistes. Ils ont pénétré dans l'administration, dans l'armée, dans la marine. M. de Bismark possède, en outre, à Saint-Pétersbourg, à Moscou, à Riga, une myriade d'agents secrets disséminés dans toutes les classes de la société. Ils se sont installés aux foyers des Russes, vivant de leur vie, afin de pouvoir mieux les observer, apprécier leurs forces et leurs côtés faibles.

Pour le bonheur de la Russie, l'avènement de l'empereur Alexandre III a été le signal d'une réaction générale. Ce prince avait vu le danger depuis longtemps; dès qu'il fut le maître, il appliqua toute son énergie à le conjurer. Avec son appui, le vieux parti russe s'est réveillé de sa torpeur. Il a poussé le cri d'alarme, il a prêché résolument une croisade nationale contre la prépondérance du parti allemand. Mais il était déjà trop tard. On sait maintenant à Berlin tout ce que l'on désirait savoir. On aura beau sévir aujourd'hui contre les Allemands, on ne parviendra pas à neutraliser leurs desseins et à réparer le mal déjà fait.

M. de Bismark n'attend plus qu'une occasion favorable pour engager brutalement avec ses voisins la partie qu'il prépare depuis si longtemps. C'est en vain qu'il cherche aujourd'hui à endormir la vigilance du czar. Son attitude pacifique ne trompera personne. Comme le tigre prêt à fondre sur sa proie, il rentre ses griffes et fait le mort. Il est trop habile pour jeter le masque avant l'heure. Il a conscience de sa force, il sait qu'il est aujourd'hui le maître de l'Allemagne et qu'il peut, d'un seul mot, l'ébranler tout entière quand il lui plaira d'achever, avec les canons Krupp, l'œuvre commencée par l'espionnage. Il n'a plus de permission à demander à personne, il n'a plus à combattre des volontés contraires à sa politique.

Le vieux Guillaume n'est plus là pour lui opposer ses sympathies pour les Romanoff et son amour sénile pour la paix.

Frédéric III, qui semblait destiné par son caractère à une grande mission de concorde internationale et d'apaisement universel, a succombé au mal terrible qui a transformé son règne en une longue agonie. Mais si cette mort est pour l'Allemagne une cause de deuil profond, les conditions particulièrement douloureuses dans lesquelles elle s'est produite et la valeur personnelle du défunt provoquent la pitié de la France elle-même et ses regrets.

Oui, notre haine fléchit devant les angoisses de nos ennemis, devant les souffrances de leur chef stoïquement supportées; mais elle se relève implacable contre ceux qui, dédaignant les conseils pacifiques de Frédéric III, ne rêvent que de continuer l'œuvre militaire du vainqueur de Sedan.

Et notre sympathie douloureuse ne peut même pas s'étendre à toute la famille impériale; nous la refusons absolument à Guillaume II. Son père lui a pardonné les douleurs morales dont il a accablé ses derniers jours; mais nous n'avons pas les mêmes motifs d'indulgence. Nous ne lui devons que notre justice, et cette justice le condamne pour ses écarts de langage indignes d'un prince, pour ses exigences brutales indignes d'un fils. Il s'est enfin assis sur ce trône, objet de son ambition effrénée, mais il ne règnera que sur des corps et sur des volontés; les cœurs lui échapperont entièrement. L'Allemagne intelligente et pacifique redoutait son avènement. Il le sait, mais cela lui importe peu. Le parti militaire applaudit à ses sentiments belliqueux; c'est là tout ce qu'il désire.

Quant à ses projets, reflets dociles des volontés de M. de Bismark, ils se réduisent à deux : La ruine de la France et l'affaiblissement de la Russie.

Pour les réaliser, aucun sacrifice ne l'arrêtera. Il comptera pour rien les dangers auxquels il exposera l'Allemagne, et c'est avec une impatience fébrile qu'il attend la lutte qui doit fixer le sort de l'Europe.

Comment cette lutte s'engagera-t-elle ?

D'où jaillira l'étincelle qui doit mettre le feu aux poudres ? Bien fin serait qui pourrait le dire ; mais il est certain que le cabinet de Berlin va mettre en mouvement toutes les provocations déguisées que sa duplicité pourra inventer pour faire attaquer l'Allemagne soit par la France soit par la Russie.

S'il n'y parvient pas, M. de Bismark rompra brusquement avec Saint-Pétersbourg ou avec Paris, et, sur un ordre de lui, Guillaume II, à la tête des hordes teutones, se ruera sur la frontière française ou sur la frontière russe. Il hait également les deux pays menacés, mais son maître, son grand chancelier, celui qu'il nomme lui-même le porte-drapeau de l'empire allemand, lui dira s'il faut frapper à droite ou à gauche.

Je suis de ceux qui s'obstinent à croire qu'à cette heure décisive il n'aura pas l'embarras d'un tel choix, et qu'il sera réduit à partager ses forces pour se défendre des deux côtés à la fois.

Si la Russie était directement attaquée, la France devrait voler à son secours, en se jetant sur le Rhin, pour effacer dans de communes victoires le souvenir de la guerre de Crimée, pour payer sa dette de reconnaissance à la nation qui l'a déjà sauvée plusieurs fois et qui, seule, aurait le désir de la sauver encore, parce qu'elle est sa meilleure, sa seule amie.

Si l'agression de l'Allemagne était exclusivement dirigée contre la France, l'intérêt de la Russie serait de venir immédiatement à son aide, et de ne pas renouveler la faute de 1870, car, cette fois, elle serait irréparable.

Ce n'est pas seulement dix milliards et de nouvelles provinces que M. de Bismarck voudrait nous arracher. Le prix de la victoire serait aujourd'hui non pas l'entrée de la France vassalisée dans une coalition contre la Russie, jamais il n'obtiendrait d'elle une pareille infamie, mais son immobilité forcée, son impuissance absolue pour le jour où les armées allemandes, soutenues par l'Autriche et par l'Angleterre, marcheraient sur Saint-Pétersbourg.

Dans les deux cas, l'alliance franco-russe s'impose comme une nécessité.

Elle n'est plus seulement une nécessité historique, elle est devenue aujourd'hui une nécessité actuelle, immédiate, une condition d'indépendance nationale pour les deux peuples menacés par l'Allemagne.

La base de cette alliance a été *posée par Napoléon Ier à Moscou et scellée par Napoléon III à Sébastopol*. Car, sous les murs de ces deux villes, il n'y a eu ni vainqueurs ni vaincus, comme l'a dit le général Saussier, il y a eu deux grandes nations en présence l'une de l'autre qui ont appris à se connaître et à s'estimer.

Malgré les progrès de la civilisation qui a universellement adouci les mœurs, malgré les améliorations introduites dans les relations des peuples par l'extension du commerce et les efforts de la diplomatie, il reste encore deux querelles nationales à vider, deux luttes de races : la guerre franco-allemande et la guerre russo-allemande.

Et bien, l'alliance franco-russe réduira ces deux guerres à une seule, et permettra de vider ces deux querelles à la fois. Ce choc de peuples luttant pour leur indépendance sera terrible. Il ébranlera la terre, mais il débarrassera le monde de ce militarisme insensé créé par la Prusse et entretenu par elle.

Si la fin du dix-neuvième siècle laissait consacrer par de nouveaux succès la puissance artificielle que le dix-huitième a vu naître, le vingtième n'aurait qu'à s'incliner devant un despotisme scientifiquement organisé, et d'autant plus redoutable qu'il serait exercé par une nation disposant de toutes les ressources de la civilisation détournée de son but légitime. Il faut qu'une calamité aussi terrible soit épargnée à l'humanité et que les combinaisons écloses dans le cerveau de M. de Bismark soient impuissantes à dénaturer le progrès, en le transformant en instrument d'oppression universelle.

Le mal est déjà grand, il augmente chaque jour ; il ne peut, dès maintenant, être arrêté que par un effort commun de la France et de la Russie.

Ces deux nations, en restant isolées, s'exposent à d'irréparables désastres ; en s'alliant elles sont invincibles. Elles peuvent, suivant les circonstances, assurer à l'Europe une paix durable dont elles dicteront les conditions à l'Allemagne, ou renverser le trône orgueilleux des Hohenzollern, si la guerre est rendue inévitable par l'arrogance germanique.

Qu'elles s'unissent donc par un traité dicté par leurs sympathies mutuelles, par les dangers qui les menacent, et par les intérêts du monde entier, pour remplir la mission glorieuse que la Providence leur confie.

Si la force peut trop souvent primer le droit sur les champs de bataille ou dans les congrès, un jour doit venir où elle se brise contre la justice de Dieu. — La Russie et la France peuvent être les instruments de cette justice ; elles le doivent, elles le seront. — A cette condition seulement les deux peuples alliés pourront envisager l'avenir sans crainte, et garder une foi inaltérable dans leurs destinées. Ils auront pour eux la puissance matérielle qui donne la confiance et le droit qui double cette puissance, en en légitimant l'emploi.

Le jour où le traité d'alliance franco-russe sera signé à Paris et à Saint-Pétersbourg, les chaines de nos frères de Lorraine et d'Alsace tomberont d'elles-mêmes, et la Russie tout entière se souviendra de son vieux dicton populaire : « Dieu est toujours avec le czar. »

Je cherche en vain les obstacles capables d'empêcher ou de retarder cette union. Je ne les trouve ni à Saint-Pétersbourg ni à Paris, et j'estime qu'on ne doit pas se laisser arrêter par ceux qui peuvent surgir à Berlin. Les grosses finesses de M. de Bismark ne trompent plus personne, et les diplomates les plus novices savent aujourd'hui que tous les efforts du chancelier allemand tendent à empêcher la conclusion d'une alliance qui doit arracher l'Europe et le monde au despotisme de la Prusse.

Quant aux appréhensions basées sur l'antipathie d'Alexandre III pour M. Floquet, j'ai la conviction qu'elles sont sans fondement. L'Empereur de Russie a certainement pardonné le cri de : « *Vive la Pologne, Monsieur!* » poussé en 1867 par le président actuel du Conseil des ministres. Il a oublié cet écart de langage du jeune avocat. Oui, le czar oublie et pardonne, cela n'est pas douteux pour ceux qui connaissent sa grande et généreuse nature faite d'esprit chevaleresque et de loyauté. Il porte au fond du cœur le culte vénéré de son père, l'émancipateur de la Russie, dont il cherche à réaliser le programme en le rendant pratique, mais il aime véritablement la France qu'il connaît bien et dont il apprécie le génie et les qualités. De plus, il connaît assez la fragilité humaine et, en particulier celle des hommes politiques, pour ne pas tenir rigueur à M. Floquet d'une phrase échappée à son enthousiasme juvénile pour les Polonais.

Rien dans le passé, rien dans le présent, ne s'oppose donc à l'alliance dont je viens de démontrer la nécessité. Les difficultés qui peuvent se présenter sont de celles que la diplomatie a mission de lever.

M. de Laboulaye, notre ambassadeur à Saint-Pétersbourg, est assurément à la hauteur de sa tâche; quant à M. le baron de Mohrenheim, il semble avoir été choisi tout exprès pour justifier notre sympathie pour les Russes. Nul ne peut l'apprécier mieux que lui. Il a le devoir d'en faire connaître à son souverain la valeur et la tendance, il n'y faillira pas. Il travaillera ainsi au relèvement de la France et à la grandeur de la Russie. C'est là un rôle glorieux et bienfaisant capable de tenter un esprit généreux. M. le baron de Mohrenheim ne résistera pas à l'appel simultané fait à son patriotisme et à son talent de diplomate.

L'école des diplomates du comte Nesselrode a fait son temps, Dieu merci, et les patriotes russes prononcent avec sympathie et respect les noms d'Ignatieff, de Mohrenheim, de Sabouroff, de Jomini. Le parti allemand existe encore en Russie, mais il n'a plus auprès de l'empereur Alexandre III le crédit qu'il avait auprès de son père. La grande-duchesse Marie Pawlowna est l'âme et le centre de ce parti. Le grand-duc Wladimir est entièrement sous l'influence de sa femme et, par conséquent, sous celle de la Prusse. C'est lui qui a arrêté, à son dernier passage à Berlin, la visite que Guillaume II va faire au czar. Cette entrevue, dont l'Europe entière se préoccupe en ce moment, parce qu'elle semble remettre en question l'alliance germano-russe, n'aura certainement pas le résultat qu'en espère M. de Bismark.

Alexandre III a pu se laisser entraîner à Dantzig et assister à la comédie qui s'est jouée à Skierniewitz, mais il est trop clairvoyant pour tomber dans le piège qu'on lui tend. La fermeté de son caractère le met à l'abri de toute influence contraire aux intérêts de son peuple. Son patriotisme neutralisera les intrigues d'un parti qui tend à diviser la Russie en deux : l'une officielle et allemande, l'autre nationale et antiallemande. Cette dernière est la vraie Russie, la Russie populaire, qui attend impatiemment son heure et qui entraînera l'autre.

Si Guillaume II va à Saint-Pétersbourg, il y sera reçu avec tous les honneurs dus à son rang, mais sans enthousiasme. Son voyage évoquera nécessairement trop de souvenirs peu honorables pour la Prusse. On se rappellera qu'en 1866, à la veille de la campagne d'Autriche, M. de Bismark vint à Paris pour obtenir la neutralité de la France, en échange d'une compensation future basée sur une rectification de la frontière du Rhin. Napoléon III, après avoir résisté longtemps, céda enfin aux instances dont le ministre prussien le fatiguait à Saint-Cloud, à Fontainebleau et à Biarritz. Il prit au sérieux les promesses faites par M. de Bismark au nom du roi Guillaume. Il crut à la loyauté allemande. Il sut ce qu'elle valait après Sadowa, quand on lui signifia de Berlin qu'on ne tenait pas les engagements pris vis-à-vis de la France.

Quand l'Autriche fut vaincue et garrottée, M. de Bismark proposa à son maître l'annexion de la Lorraine et de l'Alsace, et il le décida à l'accompagner à Paris. Il voulait voir sur place les défaillances du gouvernement impérial, surveiller lui-même les espions de tout ordre et de tout sexe qu'il entretenait dans l'armée, dans les ministères, à la cour même de Napoléon III. Par ses assurances pacifiques, par ses offres de service pour l'avenir, par ses toasts hypocrites à l'union des races et à la fraternité des peuples, il endormit le Gouvernement français dans une sécurité funeste, et, à son retour à Berlin, après avoir montré à son roi sa prochaine conquête, il put s'écrier : *Veni, vidi, vici.*

Après l'Autriche, après la France, c'est le tour de la Russie, et Guillaume II se dispose à aller à Saint-Pétersbourg avec son terrible chancelier dont chaque déplacement coûte une guerre et deux provinces à un de ses voisins. Une annexion par visite, c'est la règle, c'est le régime de M. de Bismark, qui n'est pas homme à changer ses vieilles habitudes. Il veut aller aujourd'hui sur les bords de la Néva pour voir si le colosse russe est suffisamment affaibli par les rongeurs allemands installés comme des vampires dans tout son organisme. Et si le moment *psychologique* lui semble venu, si tout lui paraît conduit à point pour opérer, soit sur la France, soit sur la Russie, l'amputation qui, faite en temps utile, doit le débarrasser de l'alliance franco-russe, il ne quittera pas Saint-Pétersbourg sans essayer les procédés d'hypnotisme politique dont il se sert avec un art consommé, et qui lui ont déjà si bien réussi à Vienne et à Paris. Il y a deux rôles que M. de Bismark joue d'une façon supérieure : le rôle de dompteur quand il croit pouvoir user impunément de la cravache, et celui d'enjoleur obséquieux, d'endormeur obstiné, quand il a besoin de paralyser une force égale ou supérieure à la sienne. C'est ce dernier rôle qu'il va jouer en Russie. Il va lécher la main du czar, avec l'espoir de la mordre plus tard ; il promettra sans difficulté tout ce qu'on lui demandera, parce qu'il aura la ferme intention de ne rien tenir ; il se posera en champion de la paix, sachant très bien qu'il rendra la guerre inévitable à bref délai ; il parlera de ses bonnes intentions à l'égard de la France dont il médite la ruine, et de ses sympathies pour les Slaves qu'il déteste et qui le lui rendent bien. Avec l'étonnante audace qui fait sa force et l'incomparable puissance de mensonge qu'il appelle de l'*honnête bonhomie allemande*, il s'efforcera de prouver aux Russes qu'ils n'ont rien à craindre de l'Allemagne et qu'ils peuvent tout espérer de son amitié. Pour détourner l'attention du czar des dangers qui nous menacent, pour le désintéresser des événements dont l'Europe occidentale peut être le théâtre dans un avenir prochain, il lui offrira son concours dans les Balkans, où il sacrifiera l'Autriche, et, s'il le faut, en Asie, où il sacrifiera l'Angleterre. A tout prix, il veut empêcher l'alliance franco-russe. Y parviendra-t-il? Dieu seul le sait ; mais je suis de ceux qui comptent absolument sur la sagacité et sur l'inébranlable patriotisme d'Alexandre III. Il sait, en effet, mieux que personne ce que valent les promesses de M. de Bismark, ses offres d'alliance ou d'intervention amicale. Il connaît la déloyauté cynique de cet homme qui, pour dépouiller ses voisins, a trompé l'Europe entière qu'il transforme successivement et à son gré en caserne ou en champ de bataille. Napoléon III et François-Joseph ont voulu être ses complices, ils n'ont été que ses dupes. Le czar, plus éclairé, plus loyal et plus fier, est à une hauteur inaccessible aux fourberies allemandes. Pour se rendre compte des sentiments qui animent la véritable Russie qu'il représente et qu'il aime, il n'a qu'à se préoccuper de sa diplomatie spontanée se traduisant par l'envoi d'une Bratina au général Saussier; il n'a qu'à écouter la grande voix de cent millions de sujets fidèles ne se lassant pas de répéter : « L'Allemand est notre ennemi! » — Oui, l'Allemand est l'ennemi naturel du Slave qu'il a toujours opprimé.

Au douzième siècle, les Slaves ou Wendes possédaient la contrée située entre l'Elbe et la Sprée. Après une lutte de trois siècles, ils furent refoulés par les Allemands de l'autre côté de la Vistule. Tous les biens des Wendes furent confisqués au profit des vainqueurs. La férocité des chevaliers teutoniques provoqua souvent de terribles représailles, mais les révoltes furent étouffées dans le sang. La moindre infraction aux ordres des envahisseurs était punie de mort. Aussi les malheureux vaicus disaient-ils pour se consoler : « Nous allons « bientôt mourir et entrer au ciel où nous maltrai- « terons les Allemands comme ils nous maltraitent « ici-bas. » Voilà pourquoi M. Renan a pu dire, dans sa lettre à M. Strauss : « Le Slave, dans cin« quante ans, saura que c'est vous qui avez fait « son nom synonyme d'esclave; il verra cette lon« gue exploitation historique de sa race par la « vôtre, et le nombre des Slaves est double du « vôtre... »

Aujourd'hui encore, en Russie, il n'y a pas d'injure plus sanglante que celle de : *Kakoi Niémetz* (misérable allemand), et, quand un seigneur moscovite veut recourir à une menace suprême contre un serviteur récalcitrant, il lui dit : « Je te donnerai aux Allemands. »

Après avoir chassé les Slaves des bords de la Sprée, les Allemands s'emparèrent successivement de la Livonie, de l'Esthonie, de la Courlande. Ils allaient même conquérir la Russie, quand Iwan le Terrible les chassa de Novgorod et sauva l'Empire. L'invasion allemande a recommencé plus tard sous une autre forme. Sous Pierre le Grand, sous Catherine II l'élément germanique s'infiltra partout, à la cour, dans l'administration, dans l'armée. J'ai déjà dit quelle influence il a acquise pendant le règne d'Alexandre II. Il défend aujourd'hui ses positions attaquées par une légion d'ardents patriotes à la tête desquels sont le prince Alexandre d'Oldenbourg, le comte Worontzoff, les généraux Annenkoff, Obroutcheff, Gourko, Kouroupasine, tous Russes vaillants et instruits, tous amis de la France. Ces hommes seraient bien faibles s'ils étaient seuls; mais ils ont réveillé la Russie de la torpeur où elle perdait sa nationalité. Elle est aujourd'hui debout, prête à sacrifier son dernier copeck et sa dernière goutte de sang pour défendre les intérêts sacrés de la patrie slave, et elle s'incarne tout entière dans le czar, qui a la mission et le droit de parler pour elle.

Pour résister à la « *poussée vers l'Est* » (Drang gegen osten), c'est l'expression allemande consacrée, la Russie, en 1830, ferma hermétiquement ses frontières du côté de la Prusse. Elle creusa des fossés, elle éleva des remblais pour bien marquer les limites entre les deux pays, et elle en confia la garde à un triple cordon de Cosaques.

Plus heureux que ses ancêtres, Alexandre III n'a pas besoin d'élever de nouvelles murailles de la Chine pour arrêter l'Allemagne et faire évanouir son rêve de domination universelle. Il lui suffira de crier : « Vive la France ! » Ces paroles magiques feront rentrer sous terre les espions et les traîtres. Elles seront entendues à Berlin, où la colonne de la Victoire chancellera sur sa base, et à Paris où l'on répondra : « Vive la Russie ! »

Toulouse, imprimerie Douladoure-Privat, rue Saint-Rome, 39 — 5364

www.ingramcontent.com/pod-product-compliance
Lightning Source LLC
LaVergne TN
LVHW010106230826
846091LV00005B/2108
* 9 7 8 2 0 1 1 7 6 5 3 2 1 *